STREET-FOOD

Essen wie vom Foodtruck

Autor: Martin Kintrup | Fotos: Mathias Neubauer

QUALITÄTS G|U GARANTIE

DIE GU-QUALITÄTS-GARANTIE

Wir möchten Ihnen mit den Informationen und Anregungen in diesem Buch das Leben erleichtern und Sie inspirieren, Neues auszuprobieren. Bei jedem unserer Bücher achten wir auf Aktualität und stellen höchste Ansprüche an Inhalt, Optik und Ausstattung. Alle Rezepte und Informationen werden von unseren Autoren gewissenhaft erstellt und von unseren Redakteuren sorgfältig ausgewählt und mehrfach geprüft. Deshalb bieten wir Ihnen eine 100%ige Qualitätsgarantie.

Darauf können Sie sich verlassen:
Wir legen Wert darauf, dass unsere Kochbücher zuverlässig und inspirierend zugleich sind.
Wir garantieren:

- dreifach getestete Rezepte
- sicheres Gelingen durch Schritt-für-Schritt-Anleitungen und viele nützliche Tipps
- eine authentische Rezept-Fotografie

Wir möchten für Sie immer besser werden:
Sollten wir mit diesem Buch Ihre Erwartungen nicht erfüllen, lassen Sie es uns bitte wissen! Wir tauschen Ihr Buch jederzeit gegen ein gleichwertiges zum gleichen oder ähnlichen Thema um. Nehmen Sie einfach Kontakt zu unserem Leserservice auf. Die Kontaktdaten unseres Leserservice finden Sie am Ende dieses Buches.

GRÄFE UND UNZER VERLAG
Der erste Ratgeberverlag – seit 1722.

KV

INHALT

TIPPS UND EXTRAS

20 HEISS WIE FRITTENFETT

34 MAGIC FOODTRUCK

48 VEGGIE-WONDERLAND

COVER-REZEPT

Das grüne Blatt bei den Rezepten heißt fleischloser Genuss:
Mit diesem Symbol sind alle vegetarischen Gerichte gekennzeichnet.

MIT DER »GU KOCHEN PLUS«-APP WIRD IHR KÜCHENRATGEBER INTERAKTIV

So einfach geht's: Sie brauchen nur ein Smartphone und eine Internetverbindung

1. APP HERUNTERLADEN
Laden Sie die kostenlose »GU Kochen Plus«-App im Apple App Store oder im Google Play Store auf Ihr Smartphone. Starten Sie die App und wählen Sie Ihren Küchenratgeber aus.

2. REZEPTBILD SCANNEN
Scannen Sie das gewünschte Rezeptbild mit der Kamera Ihres Smartphones. Klicken Sie im Display die Funktion Ihrer Wahl.

3. FUNKTIONEN NUTZEN
Sammeln Sie Ihre Lieblingsrezepte. Speichern und verschicken Sie Ihre Einkaufslisten. Oder nutzen Sie den praktischen Supermarkt-Finder und den Rezept-Planer.

MEINE LIEBE ZU STREETFOOD ...

... hatte ihren Ursprung im Jahr 2002. Damals bin ich mit meiner Freundin auf große Reise gegangen – in 3 Monaten einmal um die Welt. Genial!

Kanada, USA, Neuseeland, Australien und Thailand – all diese Stationen standen damals auf dem Reiseplan, und jede einzelne hat uns neben einem überwältigenden, unvergesslichen Urlaub auch einzigartige, ganz neue kulinarische Eindrücke beschert. Während mir aus Nordamerika besonders eine äußerst reiche Vielfalt an Burgern und Tex-Mex-Food im Gedächtnis blieb, verbinde ich Neuseeland mit knusprig frittierten Süßkartoffel-Fries und sensationellen Muffins, die wir jeden Tag in neuen Varianten und den unterschiedlichsten Geschmacksrichtungen genossen haben. Aus Australien hat sich die Kombination aus Rindfleisch und Garnelen, genannt Beef'n Reef, eingebrannt, dazu zahlreiche Einflüsse aus Indien und China. Thailand schließlich überwältigte mich förmlich mit der unglaublich großen Palette an Produkten, die an den zahlreichen Straßenständen und auf den gut besuchten Nachtmärkten angeboten wurden. Insgesamt war diese Reise ein wahrer Augenöffner im Vergleich zur deutschen Pommes-Currywurst-Döner-Landschaft des Jahres 2002. Doch nun sind wir 15 Jahre weiter – und auch hierzulande hat sich einiges getan. Nicht zuletzt durch Foodtrucks und Streetfood-Festivals ist das Angebot bei uns endlich um einiges bunter und viel internationaler geworden. Meine aktuellen Favourites zeige ich Ihnen hier in diesem Buch, und ich nehme Sie mit auf die Reise: auf einen spannenden, bunten Trip durch die friedliche und multikulturelle Streetfood-Welt.

ALL ABOUT STREETFOOD

Ob klassische (fahrbare) Verkaufsstände, kreative Foodtrucks oder echte Gourmetoasen – Streetfood ist der aufregendste Trend der letzten Jahre! Die spannendsten Kochideen der jüngsten Zeit kommen aus dieser Szene. Denn in fast allen Metropolen der Welt lechzen die Menschen geradezu nach immer neuen, leckeren und einzigartigen Food-Kreationen – was sie so ganz nebenbei zu Versuchspersonen macht. Werden Freak Shakes, Icecream-Cookie-Sandwiches & Co. von ihnen für gut befunden, verbreiten sich Trends über soziale Netzwerke wie Instagram oder Pinterest blitzschnell weltweit. Und plötzlich tauchen auch bei uns erste Foodtrucks auf, die den neuen »Hot Shit« aus New York, London, Tokio oder Tel Aviv im Angebot haben – und ihrerseits neu interpretieren.

ETHNO-FOOD REMIXED

Hauptquelle der Inspiration sind die vielen regionalen Küchen rund um den Globus. Zu den Hotspots zählen dabei die USA, Asien, Mittel- und Südamerika, Südeuropa und der Nahe Osten. Hier ist Streetfood so stark in der Kultur verankert, dass es bereits unzählige verführerische Leckerbissen gibt, die der Rest der Welt nur allzu gerne kennenlernen möchte. Und durch Weglassen, Hinzufügen und Neukombinieren einzelner Komponenten entstehen dann wiederum die neuen kreativen Gerichte, die Streetfood-Fans so lieben.

EIN HOCH AUF DIE FOODTRUCKS

Durch diese mobilen, oft sehr stylisch gestalteten Imbissbuden der Extraklasse ist Streetfood mittlerweile viel mehr als Pommes, Currywurst oder Döner. Seitdem sich auch viele Köche aus der gehobenen Küche mit einem Foodtruck selbstständig machen, lässt sich hier über Qualität nicht mehr streiten. Denn vielfach werden aufwendige Zubereitungen einfach vom Restaurant auf die Straße verlegt und hand- und mundgerecht angeboten. Dabei bedienen sich diese einfallsreichen Köpfe nicht nur an internationalen Trends, sondern auch gerne immer wieder an klassischer Hausmannskost. Diese erfährt so ein komplettes Make-Over, kann wieder fresh und mit street credibility an den Start gehen und im neuen Kleid ein junges Publikum finden. So haben neben Burgern & Co. mittlerweile auch Klassiker wie Käsespätzle, Püree oder Reibekuchen – neu kombiniert und interpretiert – ihren Platz in der Streetfood-Welt erobert.

BIG, FAT, YUMMY!

Von-der-Hand-in-den-Mund ist das Urprinzip des Streetfoods. Dafür werden allerlei Köstlichkeiten in Brötchen gefüllt oder Fladenbrote gerollt. Ob einfache Basics oder kleine Kunstwerke – Burger, Tortilla & Co. liegen in der Gunst der Streetfood-Fans ganz vorne und werden jeden Tag milliardenfach weggefuttert.

BAVARIAN HOTDOG

125 g Weißkohl | 1 EL Weißweinessig | 2 EL Öl | 1 TL Zucker | ½ TL Kümmelsamen (nach Belieben) | Salz | Pfeffer | 1 Zwiebel | 1 TL Mehl | 2 Wiener Würstchen | 2 Laugenstangen | 3 EL Salatmayonnaise | 3 EL süßer Senf | 100 g Camembert | 20 Stängel Schnittlauch

Munich-Streetfood

Für 2 Personen | 25 Min. Zubereitung
Pro Portion ca. 695 kcal, 25 g E, 41 g F, 54 g KH

1 Den Weißkohl waschen, putzen, in feine Streifen hobeln und mit Weißweinessig, 1 EL Öl, Zucker und eventuell dem Kümmel in eine große Schüssel geben. Mit den Händen so lange verkneten, bis der Kohl schön weich wird. Mit Salz und Pfeffer würzen, den Kohlsalat kurz ziehen lassen. Die Zwiebel schälen, in feine Ringe schneiden und mit dem Mehl bestäuben.

2 Übriges Öl in einer Pfanne erhitzen. Darin die Zwiebel bei mittlerer Hitze knusprig braten. Den Backofengrill einschalten. Die Würstchen in einem Topf knapp mit Wasser bedecken und erhitzen.

3 Die Laugenstangen aufschneiden und mit der Mayonnaise und der Hälfte des Senfs bestreichen. Camembert in 6–8 dicke Scheiben schneiden und darauflegen. Im Ofen (Mitte) 3–4 Min. überbacken, bis der Käse geschmolzen ist. Schnittlauch abbrausen, trocken schütteln, in Röllchen schneiden.

4 Jeweils die beiden Hälften einer Laugenstange dicht nebeneinander legen, den Krautsalat darauf verteilen. Die Würstchen abtropfen lassen, darauflegen und mit dem übrigen Senf bestreichen. Die Röstzwiebeln darübergeben, den Schnittlauch darüberstreuen. Die Laugenstangen ein wenig zusammendrücken und sofort servieren.

BANH-MI-SANDWICH

2 Frühlingszwiebeln | 2 Knoblauchzehen | 250 g Schweinehackfleisch | 2 TL Zitronengraspaste | 1 EL Fischsauce | 1 EL Speisestärke | 2 TL brauner Zucker | Salz | Pfeffer | 100 g Salatgurke | 1 Möhre | 100 g Rettich | 1 EL Reisessig | 2 Handvoll Salat-Mix | 1 EL Öl | 4 EL Salatmayonnaise | 1 EL Chilisauce (z. B. Sriracha) | 2 Baguettebrötchen

Newcomer aus Vietnam

Für 2 Personen | 25 Min. Zubereitung
Pro Portion ca. 650 kcal, 31 g E, 33 g F, 56 g KH

1 Die Frühlingszwiebeln putzen, waschen und in feine Ringe schneiden. Den Knoblauch schälen und pressen. Beides mit Hackfleisch, Zitronengraspaste, Fischsauce, Stärke, Zucker, Salz und Pfeffer kräftig verkneten und aus der Hackfleischmasse 8 gleich große Bällchen formen.

2 Die Gurke waschen und der Länge nach in dünne Streifen schneiden. Die Möhre und den Rettich schälen und mit dem Sparschäler feine Streifen abziehen. Beides mit dem Reisessig vermischen, salzen und kurz marinieren lassen. Salat-Mix waschen und trocken schleudern.

3 Öl in einer Pfanne erhitzen. Darin die Hackbällchen bei mittlerer Hitze rundherum goldbraun braten, anschließend zugedeckt bei kleiner Hitze in 3–4 Min. durchgaren, dann vom Herd nehmen.

4 Den Backofengrill einschalten. Mayonnaise und Chilisauce verrühren. Die Brötchen aufschneiden, mit der Chili-Mayonnaise bestreichen und im Ofen (Mitte) in 3–4 Min. goldbraun überbacken. Untere Brötchenhälften mit Salat-Mix, Gurke, Möhren, Rettich und den Hackbällchen belegen. Obere Brötchenhälften daraufklappen, sofort servieren.

CHICKEN-CHIVITO

In Uruguay gehören diese üppigen Sandwiches zum nationalen Kulturgut. Und auch hier lecken sich Burger- und Sandwichfans mittlerweile alle Finger danach.

1 Knoblauchzehe
4 EL Olivenöl
4 EL Zitronensaft
2 Hähnchenschnitzel (à 125–150 g, ca. 2 cm dick)
2 große Salatblätter
1 Tomate
4 gegrillte Paprika (ca. 80 g, aus dem Glas)
3 EL Salatmayonnaise
Salz | Pfeffer
60 g Mozzarella
8 Scheiben Frühstücksspeck
2 Burger-Brötchen (Buns)
2 Eier (M)

Außerdem:
4 Holzspieße

Big, bigger, Chivito!

Für 2 Personen | 30 Min. Zubereitung | 2 Std. Marinieren
Pro Portion ca. 885 kcal, 54 g E, 56 g F, 37 g KH

1 Für die Marinade Knoblauch schälen und in feine Scheiben schneiden. Mit 2 EL Öl und 3 EL Zitronensaft mischen. Das Fleisch mit der Marinade bestreichen und 2 Std. marinieren lassen.

2 Dann die Salatblätter waschen und trocken tupfen. Tomate waschen und in dünne Scheiben schneiden, dabei den Stielansatz entfernen. Paprika abtropfen lassen. Mayonnaise mit dem restlichen Zitronensaft verrühren, mit Salz und Pfeffer würzen. Den Backofen auf 160° vorheizen.

3 Das Fleisch aus der Marinade nehmen und mit einem scharfen Messer jeweils eine Tasche einschneiden, von innen mit Salz und Pfeffer würzen. Mozzarella in dünne Scheiben schneiden und in die Taschen legen. Die Schnitzel von außen salzen und pfeffern. Je 4 Scheiben Speck leicht überlappend nebeneinander auf die Arbeitsfläche legen und jeweils 1 Schnitzel darin einwickeln.

4 In einer Pfanne 1 EL Öl erhitzen. Darin die Schnitzel auf der Nahtseite bei mittlerer Hitze 2 Min braten, wenden und die andere Seite 2 Min. braten. Dann auf einen ofenfesten Teller legen und im Ofen (Mitte) in 8–10 Min. fertig garen. Pfanne säubern.

5 Die Buns aufschneiden, auf dem Rost mit in den Ofen legen und 5 Min. aufbacken. Restliches Olivenöl in der Pfanne erhitzen. Darin bei mittlerer bis großer Hitze 2 Spiegeleier braten, salzen.

6 Alle Bun-Hälften mit der Mayonnaise bestreichen. Untere Hälften mit Salat, Paprika, Schnitzeln, Tomaten und den Spiegeleiern belegen. Oberseiten daraufsetzen. Die Chivitos halbieren und jede Hälfte mit 1 Holzspieß zusammenstecken.

FRENCH KISS

4 TL Preiselbeeren (aus dem Glas) | 2 EL Salatmayonnaise | 2 Schalotten | 1 Apfel | 6 Scheiben Frühstücksspeck | 4 Blätter Radicchio | 2 TL Apfel-Balsamessig | 4 TL Öl | Salz | Pfeffer | 100 g Brie | 300 g Rinderhackfleisch | 2 Burger-Brötchen (Buns) | 2 TL Honig

Haute-Cuisine-Burger

Für 2 Personen | 25 Min. Zubereitung
Pro Portion ca. 910 kcal, 55 g E, 58 g F, 41 g KH

1 Die Preiselbeeren und Mayonnaise verrühren. Schalotten schälen, Apfel waschen, vierteln und entkernen. Beides in dünne Scheiben schneiden. Speckscheiben halbieren. Den Radicchio putzen, waschen und trocken tupfen, die Blätter grob zerzupfen. Essig, 2 TL Öl, Salz und Pfeffer verrühren und den Radicchio damit vermischen, kurz marinieren lassen. Brie in dünne Scheiben schneiden.

2 Den Backofen auf 120° vorheizen, den Rost mit Backpapier auslegen. Die Buns aufschneiden und auf dem Rost im Ofen (Mitte) 8 Min. aufbacken.

3 Zwischendurch aus dem Hackfleisch 2 Pattys formen. Übriges Öl in einer Pfanne erhitzen. Darin die Pattys bei mittlerer Hitze 3–4 Min. braten. Mit Salz und Pfeffer würzen, wenden, würzen, mit dem Brie belegen und in 3–4 Min. fertig braten. Dabei Schalotten, Apfel und Speck dazugeben und mitbraten. Zum Schluss Honig dazugeben und kurz karamellisieren lassen. Salzen, pfeffern und zugedeckt neben dem Herd noch 2 Min. ziehen lassen.

4 Alle Bun-Hälften mit Preiselbeermayonnaise bestreichen. Untere Hälften mit Radicchio und je 1 Patty belegen. Dann die Apfel-Speck-Mischung daraufschichten. Obere Bun-Hälften daraufsetzen und die Burger servieren.

VEGGIELICIOUS

100 g Rote Bete | 1 EL Mayonnaise | 2 TL Apfelessig | 1 EL Joghurt | Salz | Pfeffer | 100 g Buchweizenschrot | 1 Möhre | 2 EL Mehl | 2 TL Currypulver | 6 TL körniger Senf | 2 Essiggurken | 1 Tomate | 1 Handvoll Blattspinat | 2 XXL-Burger-Brötchen (Buns) | 1 EL Öl | 4 EL Ketchup

Zum Reinbeißen gut

Für 2 Personen | 45 Min. Zubereitung
Pro Portion ca. 665 kcal, 17 g E, 20 g F, 104 g KH

1 Die Rote Bete schälen und grob raspeln. Mit Mayonnaise, Essig und Joghurt vermischen. Mit Salz und Pfeffer würzen, kurz marinieren lassen.

2 250 ml leicht gesalzenes Wasser aufkochen. Buchweizen dazugeben und offen ca. 5 Min. bei mittlerer Hitze köcheln. Möhre schälen, raspeln und untermischen. Vom Herd nehmen, zugedeckt 10 Min. ziehen lassen. Dann mit Mehl, Currypulver und 2 TL Senf verrühren, salzen, pfeffern und abkühlen lassen. Währenddessen Gurken in dünne Scheiben schneiden. Die Tomate waschen und ebenfalls in Scheiben schneiden, dabei Stielansatz entfernen. Spinat waschen, trocken schleudern.

3 Backofen auf 120° vorheizen, den Rost mit Backpapier auslegen. Die Buns aufschneiden und auf dem Rost im Ofen (Mitte) 8 Min. aufbacken. Aus der Buchweizenmasse 2 Pattys formen. Öl in einer Pfanne erhitzen. Darin die Pattys bei mittlerer Hitze 8 Min. braten, dabei einmal wenden.

4 Alle Bun-Hälften mit Ketchup und restlichem Senf bestreichen. Untere Hälften mit Spinat, Rote-Bete-Slaw und den Pattys belegen, die Tomaten und Gurken daraufschichten. Obere Bun-Hälften daraufsetzen und die Burger servieren.

CRAZY CHICK

100 g TK-Garnelen (küchenfertig) | 1 Stück Ingwer (2 cm lang) | 3 EL Öl | 4 EL Limettensaft | 3 TL Honig | 2 Hähnchenbrustfilets (à 125 g) | 2 EL Salatmayonnaise | 2 TL Erdnussmus | Salz | ½ rote Zwiebel | 1 rote Paprika | 2 Burger-Brötchen (Buns) | Pfeffer | 2 TL Chilisauce (z. B. Sriracha, nach Belieben)

Thai-Style

Für 2 Personen | 30 Min. Zubereitung | 1 Std. Auftauen | 30 Min. Marinieren
Pro Portion ca. 475 kcal, 40 g E, 27 g F, 15 g KH

1 Die Garnelen in ca. 1 Std. auftauen lassen. Dann den Ingwer schälen, fein würfeln und mit je 2 EL Öl und Limettensaft sowie 2 TL Honig verrühren. Das Fleisch zwischen zwei Lagen Frischhaltefolie vorsichtig flach klopfen, mit den Garnelen in die Marinade geben und 30 Min. marinieren lassen.

2 Dann Backofen auf 120° vorheizen, Rost mit Backpapier auslegen. Mayonnaise, Erdnussmus, übrigen Limettensaft und Honig verrühren, salzen. Zwiebel schälen, in feine Ringe schneiden. Paprika halbieren, weiße Trennwände und Kerne entfernen, die Hälften waschen, in feine Streifen schneiden.

3 Fleisch aus der Marinade nehmen und trocken tupfen. Übriges Öl in einer Pfanne erhitzen. Darin die Filetstücke bei mittlerer Hitze 6 Min. braten, dabei einmal wenden. Die Buns aufschneiden und auf dem Rost im Ofen (Mitte) 8 Min. aufbacken. Garnelen samt Marinade zum Fleisch geben und alles in 2–3 Min. fertig braten, salzen und pfeffern.

4 Alle Bun-Hälften mit Erdnuss-Mayonnaise bestreichen. Untere Hälften mit Paprika, Fleisch, Garnelen und Zwiebeln belegen, eventuell mit Chilisauce würzen. Obere Bun-Hälften daraufsetzen.

HOT HALLOUMI

2 EL Salatmayonnaise | 2 EL griechischer Joghurt (10 % Fett) | 1 Knoblauchzehe | 1 EL Tomatenmark | 1 TL Harissa (scharfe Würzpaste) | 1 TL Zucker | Salz | Pfeffer | ½ rote Zwiebel | 1 Tomate | 1 Orange | 3 Stängel Minze | 2 Burger-Brötchen (Buns) | 225 g Halloumi | 2 TL Öl

Heißer Urlaubsflirt

Für 2 Personen | 25 Min. Zubereitung
Pro Portion ca. 655 kcal, 32 g E, 39 g F, 45 g KH

1 Für die Knoblauchsauce Mayonnaise und Joghurt verrühren. Knoblauch schälen, dazupressen. Für die Harissasauce Tomatenmark, Harissa und Zucker verrühren, mit ca. 1 EL Wasser verdünnen. Beide Saucen mit Salz und Pfeffer würzen.

2 Den Backofen auf 120° vorheizen, den Rost mit Backpapier auslegen. Zwiebel schälen und in feine Ringe schneiden. Die Tomate waschen und in dünne Scheiben schneiden, dabei den Stielansatz entfernen. Die Orange so schälen, dass auch die weiße Haut mit entfernt wird, dann ebenfalls in dünne Scheiben schneiden. Die Minze abbrausen und trocken schütteln, die Blättchen abzupfen.

3 Die Buns aufschneiden und auf dem Rost im Ofen (Mitte) 8 Min. aufbacken. Den Halloumi in 2 Scheiben schneiden. Öl in einer Pfanne erhitzen. Darin den Halloumi bei mittlerer Hitze 6 Min. braten, dabei einmal wenden. Mit Pfeffer würzen.

4 Alle Bun-Hälften mit der Knoblauchsauce bestreichen. Untere Hälften mit Tomate, Zwiebel und dem Halloumi belegen. Die Harissasauce darüber verteilen und die Orangen sowie die Minze daraufschichten. Obere Bun-Hälften daraufsetzen und die Burger servieren.

KABAB-KUBIDEH-ROLLS

Fleischspieße sind nicht nur in der Türkei und Nordafrika beliebt. Die persische Version »Kubideh« wird entweder mit Reis serviert oder mit Gurkenjoghurt in Fladenbrot.

Für das Kabab:
1 Schalotte
2 Knoblauchzehen
1 kleines Bund Petersilie
250 g gemischtes Hackfleisch (Rind und Lamm)
1 Ei (M)
2 TL Speisestärke
½ TL gemahlener Kreuzkümmel
½ TL gemahlener Koriander
Salz | Pfeffer

Für das Fladenbrot:
120 g Mehl
Salz
2 EL Milch

Außerdem:
2 Handvoll Salat-Mix
1 große Tomate
Mehl zum Arbeiten
1 EL Olivenöl
250 g Zaziki

Würziger Newcomer

Für 2 Personen | 1 Std. Zubereitung
Pro Portion ca. 765 kcal, 42 g E, 39 g F, 61 g KH

1 Für das Kabab Schalotte und Knoblauch schälen und grob würfeln. Petersilie waschen und trocken schütteln, Blättchen abzupfen. Alles im Blitzhacker fein hacken und mit Hackfleisch, Ei, Stärke, Kreuzkümmel, Koriander und je ½ TL Salz und Pfeffer verkneten. Aus der Hackmasse 4 Rollen (20 cm lang) formen (Bild 1).

2 Für das Fladenbrot Mehl, 1 Prise Salz, Milch und 50 ml Wasser in eine Schüssel geben. Mit den Händen zu einem glatten Teig kneten, dabei eventuell noch etwas Mehl dazugeben. Teig kurz ruhen lassen. Inzwischen den Backofen samt Backblech (Mitte) auf 200° vorheizen. Salat waschen und trocken schleudern. Die Tomate waschen und fein würfeln, dabei Stielansatz entfernen.

3 Teig halbieren, auf der bemehlten Arbeitsfläche zu 2 dünnen Fladen (ca. 20 × 30 cm) ausrollen. 1 Fladen auf das heiße Blech legen und 5 Min. backen, dabei einmal wenden. Aus dem Ofen nehmen, um ein Nudelholz wickeln (Bild 2), abkühlen lassen. Den zweiten Fladen backen und nach dem Backen ebenso aufrollen.

4 Öl in einer großen Pfanne erhitzen. Hackrollen in die Pfanne geben und bis auf 1 cm Dicke flach drücken (Bild 3). Bei mittlerer Hitze 7–8 Min. braten, dabei einmal wenden. Salat, Zaziki und Hackrollen auf den Fladen verteilen, Tomatenwürfel aufstreuen.

TIPP

Für einen selbst gemachten Gurkenjoghurt 125 g Salatgurke waschen, längs halbieren, entkernen und in möglichst feine Würfel schneiden. 1 Schalotte und 1 Knoblauchzehe schälen, fein hacken. Alles mit 100 g Joghurt und 1 TL getrocknetem Dill verrühren, salzen und pfeffern.

1

2

3

CARNE-ASADA-TORTILLAS

In ganz Lateinamerika ist mariniertes und in Scheiben geschnittenes Rindfleisch vom Grill als Füllung für Tortillas, Burritos & Co. beliebt. Ich bereite das Steak lieber klassisch zu.

2 Knoblauchzehen
1 Jalapeño
1 großes Bund Koriandergrün
1 Orange
2 Limetten
1 TL Rohrohrzucker
4 EL Olivenöl
Salz | Pfeffer
2 Rinderhüftsteaks (à 250 g, ca. 2 cm dick)
2 große Tomaten
1 rote Zwiebel
1 Avocado
1 TL edelsüßes Paprikapulver
4 Weizentortillas

Mit Zitruskick

Für 2 Personen | 40 Min. Zubereitung | 2 Std. Marinieren
Pro Portion ca. 1255 kcal, 59 g E, 80 g F, 72 g KH

1 Für die Marinade Knoblauch schälen, Jalapeño halbieren, entkernen und waschen. Beides fein würfeln. Koriander abbrausen und trocken schleudern, die Blättchen abzupfen und fein hacken. Orange und Limetten auspressen. Saft (bis auf 3 EL) mit der Hälfte des Knoblauchs, der Jalapeño und des Korianders sowie Zucker, 2 EL Öl, Salz und Pfeffer vermischen. Darin die Steaks ca. 2 Std. marinieren lassen, dabei gelegentlich wenden.

2 Dann für die Salsa Tomaten waschen, halbieren und entkernen, dabei die Stielansätze entfernen. Tomaten fein würfeln. Zwiebel schälen und fein würfeln. Beides mit restlichem Knoblauch und Koriander, übriger Jalapeño, 1 EL Zitrussaft und 1 EL Öl mischen. Salsa mit Salz und Pfeffer würzen. Avocado halbieren, entkernen, schälen und mit dem übrigen Zitrussaft mit einer Gabel fein zerdrücken. Das Mus mit Salz und Pfeffer würzen.

3 Backofen samt Backblech mit Backpapier (Mitte) auf 160° vorheizen. Steaks aus der Marinade nehmen, trocken tupfen. Übriges Öl in einer Pfanne stark erhitzen. Die Steaks darin auf jeder Seite 1–2 Min. anbraten, salzen und pfeffern. Dann auf dem Blech im Ofen in 7 Min. medium garen.

4 Marinade in die Pfanne geben, mit Paprikapulver würzen und bei mittlerer Hitze in 4–5 Min. leicht dicklich einkochen lassen. Sauce durch ein Sieb streichen, salzen und pfeffern. Steaks aus dem Ofen nehmen, in Alufolie einwickeln, 5 Min. ruhen lassen.

5 Pfanne säubern und erhitzen. Darin die Tortillas bei mittlerer Hitze einzeln erwärmen. Steaks in Scheiben schneiden. Beides zum Selberfüllen mit Sauce, Avocadomus und Salsa servieren.

STAUB

HEISS WIE FRITTENFETT

Fries, Langos oder Churros: schnell und unkompliziert von fliegenden Händlern an ihren fahrbaren Verkaufsständen in heißem Fett knusprig ausgebacken und mit leckeren Saucen feilgeboten – dieses geniale Streetfood-Grundprinzip hat sich mittlerweile weltweit durchgesetzt! Entdecken Sie hier Ihre Knusper-Lieblinge.

SIGARA-BÖREGI

In jedem türkischen Imbiss liegen diese knusprig gebackenen Zigarren-Böreks in der Auslage – so verlockend, dass man gerne immer wieder sofort zugreifen möchte.

1 Stange Lauch
1 Knoblauchzehe
30 g Pinienkerne
1 EL Olivenöl
½ Bund Petersilie
½ Bund Dill
400 g Schafskäse (Feta)
30 g Walnusskerne
2 TL Honig
1 TL Schwarzkümmel
Salz | Pfeffer
1 Ei (M)
2 EL Milch
2 Pck. Yufkateig (à 15 dreieckige Teigblätter)

Außerdem:
500 ml Frittieröl

Tolle Rollen

Für 30 Stück | 1 Std. 40 Min. Zubereitung
Pro Stück ca. 170 kcal, 4 g E, 13 g F, 8 g KH

1 Lauch putzen, gründlich waschen, in feine Ringe schneiden. Knoblauch schälen und fein würfeln. Die Pinienkerne in einer Pfanne hellbraun anrösten, herausnehmen. Das Olivenöl in der Pfanne erhitzen. Lauch und Knoblauch darin 5 Min. bei kleiner Hitze dünsten. In ein Sieb geben, abtropfen und abkühlen lassen.

2 Inzwischen die Kräuter waschen und trocken schütteln, die Blättchen abzupfen und fein hacken. Den Feta fein zerbröckeln, die Walnüsse grob hacken. Die Nüsse mit der Hälfte des Fetas, dem Honig und den Kräutern (bis auf 3 EL) vermischen. Übrigen Käse und restliche Kräuter mit Lauch, Pinienkernen und Schwarzkümmel vermischen. Die Füllungen mit Salz und Pfeffer würzen.

3 Das Ei mit der Milch verrühren. Nach und nach 1 Teigblatt aus der Packung nehmen und auf die Arbeitsfläche legen. Jeweils 1 EL von einer der Füllungen in einem Streifen an der breitesten Stelle eines jeden Teigdreieckes verteilen, dabei einen kleinen Rand frei lassen (Bild 1). Die Teigblattspitze mit etwas Eiermilch einpinseln. Die rechte und linke Seite des Teigblatts ein wenig über die Füllung schlagen, dann das Teigblatt von unten her zur Spitze hin aufrollen (Bild 2).

4 In einer großen Pfanne das Frittieröl (ca. 3 cm hoch) auf 180° erhitzen. Es ist heiß genug, wenn an einem hineingehaltenen Holzstäbchen sofort Bläschen aufsteigen. Die Böregi portionsweise ins Öl geben (Bild 3) und in je 4–5 Min. goldbraun und knusprig frittieren, dabei einmal wenden. Mit einem Schaumlöffel herausheben, kurz abtropfen lassen, dann auf Küchenpapier entfetten. Möglichst sofort servieren.

1

2

3

HALLOUMI-POUTINE

Ohne das geht's einfach nicht: Der Käse muss bei diesem kanadischen Nationalgericht beim Draufbeißen quietschen. Das klappt hierzulande am besten mit Halloumi aus Zypern.

Für die Bratensauce:
1,5 kg Rinderknochen
1 Bund Suppengrün
1 Zwiebel
1 Zweig Rosmarin
3 EL Öl
1 EL Tomatenmark
500 ml trockener Rotwein
1 Lorbeerblatt
500 ml Hühnerbrühe
1 TL Dijon-Senf
Salz | Pfeffer
2 TL Zucker

Für die Fries:
1,2 kg festkochende Kartoffeln
Salz
150 g Halloumi

Außerdem:
700 ml Frittieröl

In the Gravy

Für 4 Personen | 1 Std. 20 Min. Zubereitung | 3 Std. Rösten und Einkochen
Pro Portion ca. 645 kcal, 15 g E, 34 g F, 43 g KH

1 Für die Sauce den Backofen auf 200° vorheizen. Die Knochen auf dem Backblech verteilen und im Ofen (Mitte) 1 Std. rösten. Suppengrün waschen, putzen, klein schneiden. Zwiebel waschen und in dicke Scheiben schneiden. Rosmarin abbrausen.

2 Das Öl in einem großen Topf erhitzen. Darin Gemüse und Rosmarin anbraten, Tomatenmark dazugeben und kurz mitrösten. Wein aufgießen und bei mittlerer Hitze 8 Min. einkochen lassen. Knochen und Lorbeerblatt dazugeben. Brühe und so viel Wasser angießen, dass alles knapp bedeckt ist. Mit schräg aufgelegtem Deckel ca. 2 Std. köcheln lassen, dabei ab und zu etwas Wasser nachfüllen. Den Fond durch ein Sieb gießen, erneut aufkochen und offen in 10 Min. zu einer dicklichen Bratensauce (ca. ½ l) einkochen. Mit Senf, Salz, Pfeffer und Zucker abschmecken.

3 Die Kartoffeln waschen und in 1 ½ cm dicke Stifte schneiden. In einem großen Topf das Frittieröl auf 140° erhitzen. Es ist heiß genug, wenn an einem hineingehaltenen Holzstäbchen ein paar wenige Bläschen aufsteigen. Die Kartoffelstifte portionsweise in das Öl geben und jeweils 6 Min. vorfrittieren. Mit einem Schaumlöffel herausheben und auf Küchenpapier 15 Min. ruhen lassen.

4 Jetzt das Frittieröl auf 180° erhitzen. Es ist heiß genug, wenn an einem hineingehaltenen Holzstäbchen sofort viele Bläschen aufsteigen. Darin die vorgebackenen Fries in 2–3 Min. knusprig frittieren. Herausheben und auf Küchenpapier entfetten.

5 Fries salzen und auf vier flache Schalen verteilen. Halloumi in kleine Stücke zupfen und darüberstreuen. Zum Schluss jeweils etwas Bratensauce darübergießen (restliche Sauce einfrieren).

CHICKEN-CROSSIES

2 EL Olivenöl | 2 TL Honig | 2 TL Dijon-Senf | 2 Knoblauchzehen | 1 Msp. Cayennepfeffer | Salz | 350 g Hähnchenbrustfilet | 750 ml Frittieröl | 120 g Cornflakes | 50 g Mehl | 1 Ei (M)

Einfach der Hit

Für 2 Personen | 25 Min. Zubereitung | 30 Min. Marinieren
Pro Portion ca. 880 kcal, 49 g E, 42 g F, 73 g KH

1 Olivenöl, Honig und Senf verrühren. Knoblauch schälen und dazupressen. Marinade mit Cayennepfeffer und Salz würzen. Das Filet in 1–2 cm dicke Streifen schneiden, mit der Marinade vermischen und 30 Min. marinieren lassen.

2 In einem großen Topf Frittieröl auf 180° erhitzen. Es ist heiß genug, wenn an einem hineingehaltenen Holzstäbchen sofort Bläschen aufsteigen.

3 Die Cornflakes im Blitzhacker grob zerkleinern und auf einen Teller, das Mehl auf einen zweiten Teller häufen. Ei in einem tiefen Teller verquirlen. Die Hähnchenfiletstreifen zuerst im Mehl wenden, dann durch das Ei ziehen und zum Schluss in den Cornflakes wenden. Das Filet in zwei Portionen im Öl in je 4–5 Min. goldbraun frittieren. Auf Küchenpapier entfetten. Dazu passt eine Pflaumensauce oder Avocado-Chipotle-Aioli (siehe Klappe vorne).

VARIANTE CRISPY SHRIMPS

Statt des Hähnchenbrustfilets 300 g TK-Black-Tiger-Garnelen (mit Schale) in 1–2 Std. auftauen lassen, dann bis zum letzten Segment schälen. Für die Marinade statt des Honigs 1 EL süßscharfe Chilisauce und statt des Senfs 1 EL Limettensaft mit Olivenöl und Knoblauch verrühren, salzen. Die Garnelen mit der Marinade vermischen und ca. 30 Min. marinieren lassen. Die zermahlenen Cornflakes und das Mehl jeweils auf einen Teller häufen, das Ei in einem tiefen Teller verquirlen. Die Garnelen wie beschrieben panieren, dann in zwei Portionen im heißen Frittieröl in je ca. 4 Min. goldbraun frittieren. Auf Küchenpapier entfetten. Dazu passt Pflaumensauce oder Mangodip (siehe Klappe vorne).

SWEET FRIES

400 g Süßkartoffeln | 1 TL gemahlener Kreuzkümmel | 1 Msp. Cayennepfeffer | 750 ml Frittieröl | 1 EL Grieß | 3 EL Speisestärke | Salz | Dämpfeinsatz

Burger's best friends

Für 2 Personen | 30 Min. Zubereitung
Pro Portion ca. 440 kcal, 3 g E, 16 g F, 69 g KH

1 Süßkartoffeln schälen und in 1,5 cm dicke Stifte schneiden. In einem Topf mit Dämpfeinsatz über wenig kochendem Wasser 2 Min. dämpfen, dann in eine Schüssel geben und mit Gewürzen mischen.

2 In einem großen Topf Frittieröl auf 180° erhitzen. Es ist heiß genug, wenn an einem hineingehaltenen Holzstäbchen sofort Bläschen aufsteigen.

3 Grieß und Stärke mischen, Süßkartoffeln darin wenden. Süßkartoffeln in zwei Portionen im Öl je 2–3 Min. frittieren, herausheben, auf Küchenpapier entfetten und dann erneut in je 3–4 Min. knusprig frittieren. Auf Küchenpapier entfetten, dann salzen. Dazu passt ein Mangodip (siehe Klappe vorne).

ROOT-FRIES

30 g Cornflakes | 20 g Salatkerne-Mix | 1 TL Zaatar (arabische Gewürzmischung, Orientladen) | ½ TL gelbe Senfkörner | ½ TL Knoblauchpulver | Salz | Pfeffer | 3 EL Olivenöl | 400 g Wurzelgemüse (z. B. Möhren, Rote Beten, Pastinaken) | 2 TL Speisestärke

Für Gemüsefans

Für 2 Personen | 25 Min. Zubereitung | 30 Min. Backen
Pro Portion ca. 335 kcal, 6 g E, 20 g F, 32 g KH

1 Backofen auf 180° vorheizen, Backblech mit Backpapier auslegen. Cornflakes, Kerne, Gewürze, ½ TL Salz und etwas Pfeffer im Blitzhacker zermahlen und mit dem Olivenöl verrühren. Gemüse schälen und in 1 cm dicke Stifte schneiden, dann mit der Stärke und dem Würzöl mischen. Auf dem Blech verteilen und im Ofen (Mitte) 25 Min. backen.

2 Den Backofengrill dazuschalten und die Root-Fries noch 2–5 Min. grillen, bis sie außen herrlich knusprig sind, dann salzen. Dazu passt Avocado-Chipotle-Aioli (siehe Klappe vorne).

KÜCHEN TO GO

OB VOM FAHRRAD ODER SCHIFF, OB AM STRAND ODER AUS DEM DAMPFENDEN KESSEL – RICHTIG GUTES ESSEN GIBT ES NICHT NUR IN RESTAURANTS!

LANGOS À LA FLAMMKUCHEN

Was auf dünnem Knusperteig aus dem Ofen schmeckt, ist auch auf kross frittierten Kartoffel-Hefeteig-Fladen aus Ungarn ein echter Knaller.

Für die Fladen:
150 g vorwiegend festkochende Kartoffeln
100 ml Milch
2 EL Butter
Salz
200 g Mehl
1 Pck. Trockenhefe

Für den Belag:
80 g saure Sahne
1 kleine Knoblauchzehe
Salz | Pfeffer
40 g Bergkäse (am Stück)
2 Tomaten
1 EL Aceto balsamico bianco
50 g durchwachsene Speckwürfel
1 kleines Bund Schnittlauch (nach Belieben)

Außerdem:
750 ml Frittieröl

Seelentröster

Für 2 Personen | 45 Min. Zubereitung | 1 Std. Gehen
Pro Portion ca. 910 kcal, 24 g E, 52 g F, 87 g KH

1 Für die Fladen die Kartoffeln waschen, in einem Topf knapp mit Wasser bedecken und zum Kochen bringen. Zugedeckt bei kleiner Hitze in 20–25 Min. gar köcheln lassen. Dann die Kartoffeln abgießen und ein wenig ausdampfen lassen, pellen und mit einer Gabel fein zerdrücken.

2 Die Milch mit der Butter in einem Topf erwärmen, Kartoffeln einrühren, mit Salz würzen. Mehl in einer Schüssel mit der Hefe mischen. Die Milch-Kartoffel-Mischung dazugeben und alles mit den Händen in ca. 5 Min. zu einem glatten Teig verkneten. Diesen zugedeckt an einem warmen Ort mindestens 1 Std. gehen lassen.

3 Für den Belag die saure Sahne mit 1 EL Wasser glatt rühren, den Knoblauch schälen und dazupressen. Mit Salz und Pfeffer würzen. Den Käse fein reiben. Die Tomaten waschen, halbieren und entkernen, dabei die Stielansätze entfernen. Tomaten fein würfeln, mit dem Essig mischen, salzen, pfeffern. Speck in einer Pfanne knusprig auslassen. Nach Belieben den Schnittlauch abbrausen, trocken schütteln und in kleine Röllchen schneiden.

4 In einem weiten Topf das Frittieröl auf 180° erhitzen. Es ist heiß genug, wenn an einem hineingehaltenen Holzstäbchen sofort Bläschen aufsteigen. Teig halbieren und jede Hälfte mit angefeuchteten Händen zu einem 2 cm dicken Fladen formen. Jeden Fladen im Öl in 8–10 Min. goldbraun frittieren, dabei mehrmals wenden. Herausheben, auf Küchenpapier entfetten.

5 Die Fladen mit der sauren Sahne bestreichen, dann mit Bergkäse und Speck belegen. Die Tomaten und nach Belieben den Schnittlauch darüberstreuen. Noch heiß und knusprig genießen.

3 IN 1
Food and
The New
back to basics
Late Edition

CHURROS CON CHOCOLATE

1 EL Olivenöl | 1 Prise Zimtpulver | Salz | 150 g Mehl | 50 g feinster Zucker | 50 g Sahne | 1 Pck. Bourbon-Vanillezucker | 50 g Zartbitter-Schokolade | 1 Spritzbeutel mit kleiner Sterntülle (1 cm ∅) | 500 ml Frittieröl

Knusprige Spanier

Für 2 Personen | 30 Min. Zubereitung
Pro Portion ca. 805 kcal, 11 g E, 44 g F, 91 g KH

1 In einem Topf 200 ml Wasser mit Olivenöl, Zimt und 2 Prisen Salz zum Kochen bringen. Mehl dazugeben, dabei alles mit einem Holzlöffel kräftig im heißen Topf rühren, bis sich eine glatte Teigkugel gebildet hat. Den Teig kurz abkühlen lassen.

2 Dann den Teig in den Spritzbeutel füllen und in 16 Stangen (8–10 cm lang) auf zwei große Teller spritzen. Zucker auf einen dritten Teller häufen.

3 Die Sahne mit dem Vanillezucker erhitzen (nicht kochen!). Schokolade in die Sahne bröckeln und darin schmelzen. Sauce in zwei Schälchen füllen.

4 In einem weiten Topf das Frittieröl auf 180° erhitzen. Es ist heiß genug, wenn an einem hineingehaltenen Holzstäbchen sofort Bläschen aufsteigen. Teigstangen portionsweise in das Öl geben und in je 4 Min. goldbraun und knusprig frittieren, dabei mehrmals wenden. Mit einem Schaumlöffel herausheben, auf Küchenpapier entfetten und im Zucker wenden. Churros auf zwei Teller verteilen, die Schokoladensauce zum Dippen dazu reichen.

TIPP

Churros schmecken auch sehr fein, wenn sie in erwärmtes Fruchtmus getaucht werden. Dafür eignet sich ganz besonders aromatisches Mus von Erdbeeren und Himbeeren.

FRIED CHOCOLATE-BARS

1 Ei (M) | 2 EL Zucker | Salz | 50 ml herbes Bier (z. B. Pils) | 100 g Mehl | 200 g Sahne | 1 Pck. Bourbon-Vanillezucker | 50 g Zartbitter-Schokolade | 4 Schokoriegel (z. B. Snickers, Milky Way, Mars) | 2 EL Haselnusskrokant | 1 Spritzbeutel mit kleiner Sterntülle (1 cm ∅) | 500 ml Frittieröl

Fast schon pervers

Für 4 Personen | 30 Min. Zubereitung | 20 Min. Quellen
Pro Portion ca. 770 kcal, 13 g E, 48 g F, 66 g KH

1 Das Ei mit dem Zucker und 1 Prise Salz in eine Schüssel geben und mit den Rührbesen des Handrührgeräts in ca. 8 Min. hellcremig schlagen. Das Bier nach und nach dazugießen und gut unterrühren, 70 g Mehl nur locker unterheben. Den Teig ca. 20 Min. quellen lassen.

2 Restliches Mehl auf einen großen Teller häufen. 50 g Sahne mit dem Vanillezucker erwärmen. Die Schokolade in die Sahne bröckeln und unter Rühren darin schmelzen. Übrige Sahne steif schlagen und in den Spritzbeutel füllen, kalt stellen.

3 In einem weiten Topf das Frittieröl auf 180° erhitzen. Es ist heiß genug, wenn an einem hineingehaltenen Holzstäbchen sofort Bläschen aufsteigen. Die Schokoriegel nach und nach in dem Mehl wenden, dann mithilfe von zwei Gabeln durch den Teig ziehen und in das Öl gleiten lassen. Jeweils in ca. 4 Min. goldbraun und knusprig frittieren, dabei einmal wenden. Mit einem Schaumlöffel herausheben und auf Küchenpapier entfetten.

4 Die Fried Chocolate-Bars auf Teller legen, mit der Sahne garnieren, mit der Schokosauce beträufeln und zuletzt mit dem Krokant bestreuen.

1973 HY 84

MAGIC FOODTRUCK

Streetfood 2.0 findet in der bunten Food-Truck-Landschaft statt. Hier verbinden kreative Köpfe Hausmannskost mit internationalen Einflüssen oder kreieren geniale Mash-Ups, Mischgerichte verschiedener Esskulturen. Da wird koreanisches Bulgogi auch schon mal in mexikanischen Tacos serviert. Lassen Sie sich überraschen!

CHEESE-WAFFLES

130 g Mehl | 1 TL Backpulver | 125 g weiche Butter | 1 Knoblauchzehe | 3 Eier (M) | 4 EL Milch | 6 Stängel Basilikum | 100 g Gruyère (am Stück) | Salz | 100 g kernlose Trauben | 120 g Schmand | 1 EL Aceto balsamico bianco | Pfeffer | 80 g Parmesan (am Stück) | 60 g halbgetrocknete Kirschtomaten (in Öl) | 8 TL Honigsenf | 1 Waffeleisen | Butter für das Waffeleisen

Volle Käsedröhnung

Für 4 Personen | 30 Min. Zubereitung
Pro Portion ca. 735 kcal, 27 g E, 55 g F, 32 g KH

1 Das Mehl und das Backpulver vermischen. Die Butter in einer Schüssel mit den Rührbesen des Handrührgeräts cremig rühren. Den Knoblauch schälen und durch die Presse dazudrücken. Die Eier nach und nach unterrühren, dann portionsweise abwechselnd das Mehl und die Milch.

2 Das Basilikum abbrausen und trocken schütteln, die Blättchen abzupfen und die Hälfte davon fein hacken. Den Gruyère entrinden, fein reiben und mit dem gehackten Basilikum unter den Teig mischen, mit Salz würzen.

3 Die Trauben waschen und von den Stielen zupfen. Schmand mit Essig verrühren, mit Salz und Pfeffer würzen. Parmesan in grobe Späne hobeln. Die Tomaten abtropfen lassen.

4 Das Waffeleisen erhitzen und mit wenig Butter einpinseln. Aus dem Teig nacheinander 4 goldbraune Waffeln backen.

5 Jede Waffel in der Mitte mit dem Schmand bestreichen und je 2 TL Honigsenf daraufgeben. Mit übrigem Basilikum, Tomaten, Trauben und dem Parmesan bestreuen und servieren.

PUMPKIN-MASH

1 Hokkaido-Kürbis (700 g) | 1½ EL Olivenöl | 50 g Butter | 3 TL getrockneter Thymian | 2 EL Limettensaft | 2 TL Zucker | Salz | Pfeffer | 150 g gemischte Pilze | 1 Stängel Petersilie | 30 g Speckwürfel | 1 EL Aceto balsamico | 80 g Camembert | 2 EL Pekannusskerne

Herbstliches Soulfood

Für 2 Personen | 25 Min. Zubereitung | 1 Std. Garen
Pro Portion ca. 800 kcal, 18 g E, 60 g F, 54 g KH

1 Den Backofen auf 120° vorheizen, den Rost mit Backpapier auslegen. Den Kürbis waschen, putzen, halbieren und die Kerne mit einem Löffel herausschaben. Die Schale rundherum mit dem Messer einstechen. Kürbishälften mit ½ EL Olivenöl einreiben und mit den Schnittflächen nach unten auf den Rost legen. Im Ofen (Mitte) 1 Std. garen.

2 Die Butter in einem Topf schmelzen. 2 TL Thymian, Limettensaft und Zucker unterrühren, mit Salz und Pfeffer würzen, vom Herd nehmen. Die Pilze putzen und in dünne Scheiben schneiden. Petersilie abbrausen und trocken schütteln, die Blättchen abzupfen und in Streifen schneiden.

3 Restliches Öl in einer Pfanne erhitzen. Pilze, Speck und übrigen Thymian darin anbraten. Mit Essig ablöschen, salzen, pfeffern. Käse entrinden und bei kleiner Hitze auf dem Herd oder zugedeckt in der Mikrowelle (300 Watt) in 2–3 Min. schmelzen. Die Nüsse in grobe Stücke hacken.

4 Die Würzbutter erneut erhitzen. Kürbis aus dem Ofen nehmen, mit der Butter zerstampfen, in zwei Schüsseln füllen. Pilzmischung daraufgeben, den geschmolzenen Käse darüberlaufen lassen. Nüsse und Petersilie darüberstreuen, servieren.

KARTOFFEL TRIFFT KABELJAU

Nichts ist langweiliger als Reibekuchen immer mit Apfelmus zu servieren. Diese herzhafte Version mit Fisch schmeckt unschlagbar gut, also unbedingt probieren!

Für die Reibekuchen:
500 g mehligkochende Kartoffeln
1 Schalotte
1 Ei (M) | 1 EL Mehl
Salz | Pfeffer
Für den Dip:
1 Apfel | 2 Stängel Dill
50 g Frischkäse
1 EL Salatmayonnaise
2 EL Joghurt
2 TL Honigsenf
½ TL Currypulver
Salz | Pfeffer
Für den Fisch:
4 dicke Stücke Kabeljaufilet (à ca. 60 g)
1 EL Zitronensaft
Salz | Pfeffer
4 Scheiben luftgetrockneter Schinken (ca. 70 g)
1 Zweig Rosmarin
Außerdem:
3 EL Butterschmalz

Hausmannskost 2.0

Für 2 Personen | 45 Min. Zubereitung
Pro Portion ca. 670 kcal, 43 g E, 35 g F, 46 g KH

1 Für die Reibekuchen die Kartoffeln schälen, waschen, grob raspeln, in ein sauberes Geschirrtuch geben und die Flüssigkeit kräftig herausdrücken. Die Schalotte schälen und fein würfeln. Beides mit Ei und Mehl mischen, mit Salz und Pfeffer würzen.

2 Für den Dip den Apfel waschen, vierteln, entkernen und in kleine Würfel schneiden. Dill abbrausen und trocken schütteln, die Blättchen abzupfen und fein hacken. Frischkäse, Mayonnaise, Joghurt, Senf und Currypulver verrühren, mit Salz und Pfeffer würzen. Die Hälfte der Apfelwürfel und des Dills unterrühren.

3 Den Backofen auf 80° vorheizen. In einer großen (beschichteten) Pfanne 2 EL Butterschmalz erhitzen. Kartoffelmasse vierteln und jede Portion in die Pfanne häufen, flach drücken. Die Reibekuchen bei mittlerer Hitze in 4 Min. goldbraun backen, wenden und in 3–4 Min. fertig backen. Auf Küchenpapier entfetten und im Ofen (Mitte) warm halten.

4 Die Fischfilets mit Zitronensaft beträufeln, salzen und pfeffern. Jedes Filetstück in 1 Schinkenscheibe einrollen. Den Rosmarin abbrausen und trocken schütteln.

5 Die Pfanne säubern, restliches Butterschmalz erhitzen. Den Kabeljau darin mit dem Rosmarinzweig rundherum bei mittlerer Hitze ca. 6 Min. braten. Dann zugedeckt bei kleiner Hitze noch 2 Min. ziehen lassen.

6 Die Reibekuchen auf zwei Teller verteilen, den Dip daraufklecksen, übrige Apfelwürfel darüberstreuen. Die Kabeljaustücke daraufsetzen, mit restlichem Dill bestreuen und servieren.

WE TEACH
BY POST
LEARN A
TRADE OF
FREE
OF LIFE

FOOD-TRUCKS

UMGEBAUTE POSTAUTOS ODER KLEINBUSSE WERDEN ZUR SPIELWIESE FÜR VERRÜCKTE KÖCHE UND IHRE IDEEN.

STREET
FOOD

SUSHI-WRAPS

125 g TK-Garnelen (küchenfertig) | 150 g Sushi-Reis | 125 g Radieschen | 2 ½ EL Reisessig | 5 TL Zucker | 2 TL geröstetes Sesamöl | Salz | ½ orange Paprika | 1 ½ EL Limettensaft | 1 TL Wasabipaste | 2 EL Mayonnaise | 1 Handvoll Salat-Mix | 2 Nori-Blätter

Japan-Fingerfood

Für 2 Personen | 1 Std. Zubereitung | 1 Std. Auftauen
Pro Portion ca. 590 kcal, 18 g E, 24 g F, 75 g KH

1 Garnelen in 1 Std. auftauen lassen. Sushi-Reis mit 300 ml Wasser aufkochen, offen 2 Min. kochen und dann auf der ausgeschalteten Herdplatte zugedeckt 20 Min. quellen lassen. Die Radieschen waschen, putzen, in dünne Scheiben schneiden und mit 1 EL Essig, 2 TL Zucker, Öl und etwas Salz kurz marinieren. Paprika putzen, waschen, in feine Streifen schneiden. In einer Pfanne die Garnelen bei kleiner Hitze in 4 Min. gar dünsten. Mit Salz und ½ EL Limettensaft würzen. Wasabi, übrigen Limettensaft, 2 TL Zucker und die Mayonnaise verrühren. Salat waschen und trocken schleudern.

2 Den übrigen Essig und Zucker sowie ½ TL Salz in einem Topf erwärmen. Rühren, bis sich Salz und Zucker aufgelöst haben. Den Reis gleichmäßig auf einem großen Teller verteilen, mit dem Sud beträufeln, abkühlen lassen.

3 Die Nori-Blätter mit der rauen Seite nach oben auf zwei Teller legen, Reis darauf verteilen, dabei oben einen Rand (1 cm) frei lassen. In der Mitte in einem Streifen Radieschen, Mayonnaise, Garnelen, Paprika und den Salat verteilen. Die Nori-Blätter aufrollen, freie Ränder mit Radieschenmarinade bestreichen und andrücken.

SUMMER-ROLL-SUSHI

80 g Sushi-Reis | 100 g Salatgurke | ½ gelbe Paprika | ½ Avocado | 50 g Blattspinat | 2 TL Öl | 4 Reispapierblätter (22 cm ∅) | 1 EL Reisessig | ½ TL Zucker | Salz | 200 g Graved Lachs | 4 TL Honigsenf | ½ Beet Kresse (nach Belieben)

Genialer Mash-Up

Für 2 Personen | 1 Std. Zubereitung
Pro Portion ca. 605 kcal, 27 g E, 32 g F, 52 g KH

1 Den Sushi-Reis mit 160 ml Wasser aufkochen, offen 2 Min. kochen und dann auf der ausgeschalteten Herdplatte zugedeckt 20 Min. quellen lassen. Inzwischen die Gurke waschen, längs halbieren und entkernen, die Paprika putzen und waschen, Avocado entkernen und schälen. Alles in schmale Spalten schneiden. Spinat waschen und trocken schleudern, dicke Stängel abzupfen.

2 Vier große, flache Teller dünn mit Öl bepinseln. Reispapierblätter abbrausen, auf die Teller legen und 10 Min. ruhen und weich werden lassen. Essig, Zucker und ⅓ TL Salz in einem Topf erwärmen. Rühren, bis sich Salz und Zucker aufgelöst haben. Den Reis gleichmäßig auf einem großen Teller verteilen, mit dem Sud beträufeln, abkühlen lassen.

3 Die Reispapierblätter mit Spinat belegen, dabei rundherum einen kleinen Rand frei lassen, dann den Reis darauf verteilen. Den Lachs jeweils in der Mitte in einem Streifen darauflegen, mit Senf bestreichen und mit Gurke, Paprika und Avocado belegen. Die rechten und linken Blattränder 2 cm über die Füllung klappen, dann von unten straff aufrollen. Die Rollen in je 4–5 Stücke schneiden und mit der Schnittfläche nach oben auf zwei Teller setzen. Nach Belieben die Kresse vom Beet schneiden und die Sushi damit garnieren.

BULGOGI-TACOS

Chiliwürziges Rindfleisch aus Korea ist gar nicht so weit entfernt von Zubereitungen, die in Mexiko üblich sind. Daher ist es auch die perfekte Füllung für Tacos mit fernöstlicher Note.

2 Knoblauchzehen
1 Stück Ingwer (3 cm lang)
1 rote Chilischote
4 Frühlingszwiebeln
1 kleiner Apfel
2 EL Sojasauce
1 EL geröstetes Sesamöl
1 EL Zucker
½ TL Pfeffer
250 g Rinderhüftsteak
3 Radieschen
1 kleine Möhre
2 Stängel Koriandergrün
1 Blatt Weißkohl
Salz
1 EL Erdnussöl
6 Tacoschalen

Würzig & süß

Für 2 Personen | 20 Min. Zubereitung | 2 Std. Marinieren
Pro Portion ca. 580 kcal, 29 g E, 33 g F, 42 g KH

1 Den Knoblauch und Ingwer schälen. Die Chilischote halbieren, Kerne entfernen und die Hälften waschen. Alles in feine Würfel schneiden. 2 Frühlingszwiebeln putzen, waschen und in feine Ringe schneiden. Apfel waschen, vierteln, entkernen, grob raspeln. Alle vorbereiteten Zutaten mit Sojasauce, Sesamöl, Zucker und Pfeffer mischen. Steak in 1–2 cm breite Streifen schneiden, mit der Marinade mischen (Bild 1), 2 Std. marinieren lassen.

2 Dann übrige Frühlingszwiebeln waschen, putzen und in feine Ringe schneiden. Die Radieschen waschen und putzen, Möhre schälen und beides in dünne Streifen schneiden. Koriandergrün abbrausen und trocken schütteln, die Blättchen abzupfen. Kohlblatt waschen, trocken tupfen und ebenfalls in dünne Streifen schneiden, mit etwas Salz verkneten (Bild 2).

3 Den Backofen auf 160° vorheizen, Rost mit Backpapier auslegen. Erdnussöl in einer Pfanne erhitzen. Darin das Fleisch samt Marinade bei mittlerer Hitze 6–7 Min. braten (Bild 3), bis es gar und rundherum von einer dicklichen Sauce überzogen ist, salzen.

4 Die Tacoschalen auf den Rost legen und im Ofen (Mitte) in 3–4 Min. heiß werden lassen. Herausnehmen und sofort zunächst mit den Möhren- und Kohlstreifen, dann mit dem Fleisch füllen. Mit den Frühlingszwiebeln, den Radieschen und dem Koriander garnieren und servieren.

TIPP Statt mit knusprigen Tacoschalen schmeckt das koreanische Bulgogi auch mit weichen Mais- oder Weizentortillas oder selbst gemachtem Fladenbrot (siehe S. 17) genial.

1

2

3

ICECREAM-COOKIE-SANDWICH

50 g weiche Butter | Salz | 100 g Zucker | 2 Pck. Bourbon-Vanillezucker | 80 g Mehl | 1 TL Backpulver | 1 EL Joghurt | 75 g backstabile Schokotropfen | 1 Eigelb (M) | 200 g Sahne | Eismaschine

Suchtgefahr!

Für 4 Stück | 40 Min. Zubereitung | 30 Min. Tiefkühlen
Pro Stück ca. 545 kcal, 5 g E, 35 g F, 54 g KH

1 Den Backofen auf 190° vorheizen, Backblech mit Backpapier auslegen. Butter mit 1 Prise Salz, 60 g Zucker und 1 Pck. Vanillezucker cremig schlagen. Mehl und Backpulver vermischen und mit Joghurt und Schokotropfen unter die Butter rühren.

2 Den Teig in 8 Portionen teilen und mit angefeuchteten Händen zu Kugeln formen. Teigkugeln auf das Blech setzen und ein wenig flacher drücken. Im Ofen (Mitte) in 12–14 Min. goldbraun backen. Die Cookies herausnehmen und völlig auskühlen lassen.

3 Für das Eis Eigelb, 1 Prise Salz, übrigen Zucker und Vanillezucker hellcremig schlagen. Die Sahne unterrühren. Die Masse in die Eismaschine geben und in ca. 30 Min. tiefkühlen. Sollte das Eis sehr cremig sein, eventuell noch 10–15 Min. ins Tiefkühlfach geben und fester werden lassen.

4 Dann das Eis gleichmäßig dick auf die Unterseiten von 4 Cookies verteilen und die Ränder rundherum glatt streichen. Übrige Cookies darauflegen und leicht andrücken. Die Icecream-Cookie-Sandwiches sofort servieren (oder nach Belieben vorher nochmals kurz ins Tiefkühlfach legen).

FROZEN YOGHURT

1 Eiweiß (M) | 60 g Zucker | 1 Bio-Limette | 300 g griechischer Joghurt (10 % Fett) | 4 Blätter Minze | 50 g Himbeeren | 50 g Heidelbeeren | 2 EL Knuspermüsli | 1 EL Kokoschips | Eismaschine

Extra erfrischend

Für 2 Personen | 20 Min. Zubereitung | 30 Min. Tiefkühlen
Pro Portion ca. 435 kcal, 9 g E, 22 g F, 65 g KH

1 Das Eiweiß mit 1 TL Zucker gerade eben steif schlagen. Die Limette heiß waschen, abtrocknen und die Schale fein abreiben, Saft auspressen.

2 Den Joghurt mit 40 g Zucker, Limettenschale und -saft glatt rühren, dann den Eischnee unterheben. Die Masse in die Eismaschine geben und in ca. 30 Min. tiefkühlen.

3 Inzwischen die Minzeblätter abbrausen, trocken tupfen und hacken. Dann die Blätter im Mörser zerstoßen, dabei nach und nach den übrigen Zucker dazugeben. So lange mörsern, bis ein grüner, feuchter Zucker entsteht. Die Beeren waschen.

4 Den Frozen Yoghurt auf zwei Schälchen, Becher oder Gläser verteilen. Mit dem Minzzucker bestreuen, das Knuspermüsli, die Kokoschips und die Beeren darauf anrichten.

VEGGIE-WONDERLAND

Lust auf Abwechslung? Ganz ohne Fisch und Fleisch? Dann sind Sie hier genau richtig. Vegetarische und vegane Köstlichkeiten überzeugen durch Aroma und bunte Vielfalt. Kein Wunder, dass immer mehr Köche in mobilen Veggie-Paradiesen jeden Tag aufs Neue beweisen, dass diese Küche begeisterndes Soulfood sein kann.

SÜSSKARTOFFEL-KUMPIR MIT KÄSEDIP

Wer Ofenkartoffeln mag, wird gebackene Süßkartoffeln erst recht lieben. Besonders, wenn sie mit einem so außergewöhnlichen Topping serviert werden wie hier.

Für die Kartoffeln:
2 dicke Süßkartoffeln (à ca. 600 g)
2 TL Olivenöl
2 TL Butter
Salz | Pfeffer

Für den Dip:
150 g Ziegenjoghurt
125 g Ziegenfrischkäse
1 EL Aceto balsamico bianco
1 Knoblauchzehe
Salz

Für das Topping:
2 Blätter Radicchio
10 Stängel Schnittlauch
60 g kernlose Trauben
2 EL halbgetrocknete Kirschtomaten (in Öl)
40 g Walnusskerne
10 Oliven (mit Kräutern oder Knoblauch mariniert, nach Belieben)

Bunte Sattmacher

Für 2 Personen | 20 Min. Zubereitung | 1 Std. 30 Min. Backen
Pro Portion ca. 1035 kcal, 24 g E, 46 g F, 129 g KH

1 Den Backofen auf 180° vorheizen, das Backblech mit Backpapier auslegen. Die Süßkartoffeln gründlich waschen, abtrocknen und rundherum mehrmals mit einer Gabel tief einstechen, dann mit dem Olivenöl einreiben. Auf dem Blech im Ofen (Mitte) in 1 Std.–1 Std. 30 Min. gar backen.

2 Für den Dip Joghurt, Frischkäse und Essig verrühren. Knoblauch schälen und dazupressen. Den Dip mit Salz abschmecken.

3 Für das Topping Radicchioblätter abbrausen, trocken tupfen und in feine Streifen schneiden. Den Schnittlauch abbrausen, trocken schütteln und in Röllchen schneiden. Trauben waschen und von den Stielen zupfen. Die Tomaten abtropfen lassen. Die Walnüsse nach Belieben in kleine Stücke brechen.

4 Süßkartoffeln aus dem Ofen nehmen und jeweils auf ein Stück Alufolie setzen. Die Kartoffeln in der Mitte tief einschneiden und leicht auseinanderdrücken. Mit einer Gabel das Kartoffelinnere ein wenig lösen, mit etwas Butter vermischen, salzen, pfeffern. Erst Radicchio, dann Käsedip, Trauben, Tomaten, Walnüsse und eventuell die Oliven darauf verteilen. Schnittlauch darüberstreuen. Kumpir samt Alufolie mit Löffel und Gabel servieren.

ROTE-BETE-DAL

2 Schalotten | 1 Stück Ingwer (2 cm lang) | 1 Knoblauchzehe | 250 g Rote Beten | 150 g rote Linsen | 2 ½ EL Öl | 3 Frühlingszwiebeln | 200 g Räuchertofu | 1 ½ EL milde Currypaste | 2 TL Erdnussmus | 4 EL Limettensaft | Salz | 1 EL Sesam (nach Belieben) | 2 EL Sojasauce

Hit-Potenzial

Für 2 Personen | 30 Min. Zubereitung
Pro Portion ca. 710 kcal, 43 g E, 32 g F, 62 g KH

1 Schalotten, Ingwer und Knoblauch schälen und fein würfeln. Rote Beten schälen und fein raspeln. Linsen in einem Sieb abbrausen, abtropfen lassen.

2 In einem Topf 1 ½ EL Öl erhitzen. Schalotten, Ingwer und Knoblauch darin andünsten. Rote Beten dazugeben und 4–5 Min. mitdünsten. Linsen untermischen und ebenfalls kurz mitdünsten. 600 ml heißes Wasser dazugießen und aufkochen. Alles zugedeckt bei kleiner Hitze 10 Min. köcheln lassen. Inzwischen Frühlingszwiebeln waschen, putzen und in feine Ringe schneiden. Den Tofu in 1 cm große Würfel schneiden.

3 Currypaste, Erdnussmus und 2 EL Limettensaft unter die Linsenmischung rühren, salzen. Offen bei großer Hitze in 3 Min. dicklich einkochen lassen.

4 Übriges Öl in einer Pfanne erhitzen. Darin den Tofu bei mittlerer Hitze rundherum goldbraun anbraten. Frühlingszwiebeln und nach Belieben Sesam dazugeben und kurz mitbraten. Mit Sojasauce und restlichem Limettensaft ablöschen, kurz einkochen lassen. Mit Salz abschmecken und vom Herd nehmen. Rote-Bete-Dal auf zwei Schüsseln verteilen und den Tofu darauf anrichten, servieren.

LAKSA-BOWL

100 g Reisnudeln | Salz | 1 Zwiebel | 1 Möhre | ½ rote Paprika | 2 Frühlingszwiebeln | 2 rote Chilischoten | 3 Stängel Minze | 100 g Seidentofu (schnittfest) | 2 EL Erdnusskerne | 400 g Kokosmilch | 2 EL Laksa-Paste (aus dem Glas, ersatzweise 1 EL milde gelbe Currypaste)

Veggie-Star

Für 2 Personen | 45 Min. Zubereitung
Pro Portion ca. 785 kcal, 21 g E, 52 g F, 57 g KH

1 Die Reisnudeln nach Packungsanweisung in Salzwasser bissfest garen, in einem Sieb kalt abschrecken und abtropfen lassen.

2 Die Zwiebel und Möhre schälen. Die Paprika von den weißen Trennwänden und Kernen befreien, die Hälfte waschen. Alles in dünne Streifen schneiden. Die Frühlingszwiebeln waschen und putzen. Chilischoten halbieren, Kerne entfernen und die Hälften waschen. Beides in feine Ringe schneiden. Die Minze abbrausen und trocken schütteln, die Blättchen abzupfen. Den Tofu in gut 1 cm große Würfel schneiden, Nüsse grob hacken.

3 Die Kokosmilch mit 400 ml Wasser, Laksa-Paste, Zwiebelstreifen, der Hälfte der Chiliringe und etwas Salz zum Kochen bringen. Möhren- und Paprikastreifen dazugeben und die Suppe zugedeckt bei kleiner Hitze 8 Min. köcheln lassen.

4 Tofu und Frühlingszwiebeln dazugeben und zugedeckt 2 Min. in der Suppe ziehen lassen. Zuletzt Nudeln und Minze (bis auf ein paar Blättchen) in der Suppe erhitzen. Die Suppe auf Schüsseln verteilen und mit der restlichen Minze, den Erdnüssen und den übrigen Chiliringen garnieren.

FALAFEL-BOWL

Knusprige Kichererbsenbällchen laden immer wieder zum Experimentieren ein. Hier die neueste Kombination: Bärlauch-Spinat-Falafel. Lassen Sie sich die keinesfalls entgehen!

125 g getrocknete Kichererbsen
50 g TK-Spinat
6 Stängel Minze
1 Knoblauchzehe
1 TL Honig
3 EL Olivenöl
4 EL Zitronensaft
Salz
125 g Ziegenjoghurt
Pfeffer
½ rote Zwiebel
½ EL Aceto balsamico bianco
½ Salatgurke
150 g bunte Kirschtomaten
4 Stängel Petersilie
2 TL Bärlauchpaste
2 TL Zaatar (arabische Gewürzmischung, Orientladen)

Außerdem:
750 ml Frittieröl

Kräuterfrisch

Für 2 Personen |
50 Min. Zubereitung |
12 Std. Einweichen
Pro Portion ca. 565 kcal, 15 g E, 36 g F, 43 g KH

1 Am Vortag für die Falafel die Kichererbsen in einer Schüssel mit ausreichend Wasser bedecken und ca. 12 Std. einweichen. Am nächsten Tag Kichererbsen in ein Sieb abgießen, abbrausen und abtropfen lassen. Den Spinat in ca. 15 Min. antauen lassen.

2 Inzwischen für die Sauce die Minze abbrausen und trocken schütteln, die Blättchen abzupfen. Den Knoblauch schälen und grob hacken. Beides mit Honig, Olivenöl und 1 EL Zitronensaft fein pürieren, salzen. Den Joghurt mit 2 EL Minzesauce verrühren. Mit Salz und Pfeffer würzen.

3 Die Zwiebel schälen und fein würfeln. Mit dem Essig mischen und mit Salz und Pfeffer würzen. Gurke waschen und in dünne Scheiben schneiden. Tomaten waschen und halbieren. Petersilie abbrausen und trocken schütteln, die Blättchen abzupfen. Alles in zwei Schüsseln anrichten.

4 Kichererbsen mit Spinat, übrigem Zitronensaft, Bärlauchpaste, Zaatar und ½ TL Salz fein pürieren. Die Masse mit Salz und Pfeffer würzen und daraus 8 Bällchen formen.

5 In einem weiten Topf das Frittieröl auf 180° erhitzen. Es ist heiß genug, wenn an einem hineingehaltenen Holzstäbchen sofort Bläschen aufsteigen. Darin die Falafel portionsweise rundherum in je 5–7 Min. goldbraun frittieren. Mit einem Schaumlöffel herausheben und auf Küchenpapier entfetten.

6 Die Falafel auf dem Gemüse in den Schüsseln anrichten, mit der Joghurt- und Minzesauce beträufeln und servieren. Nach Belieben noch geröstetes Fladenbrot dazu reichen.

THAI ZOODLES

1 Stück Ingwer (3 cm lang) | 1 EL Limettensaft | 2 TL brauner Zucker | 1 EL Aceto balsamico bianco | 1 TL geröstetes Sesamöl | 2 EL Rapsöl | Salz | Pfeffer | 1 rote Paprika | 6 Stängel Koriandergrün | 300 g Zucchini | 1 EL Sesam | 2 EL Erdnusskerne | Spiralschneider

Nudeln in Grün

Für 2 Personen | 25 Min. Zubereitung
Pro Portion ca. 315 kcal, 9 g E, 24 g F, 15 g KH

1 Ingwer schälen, fein reiben. Mit Limettensaft, Zucker, Essig, Sesamöl und 1 EL Rapsöl mischen. Das Dressing mit Salz und Pfeffer würzen. Paprika putzen, waschen und in feine Streifen schneiden. Koriander abbrausen und trocken schütteln, die Blättchen abzupfen und grob hacken. Die Zucchini waschen, putzen und mit dem Spiralschneider zu Zucchininudeln (Zoodles) schneiden.

2 Sesam und Nüsse in einer Pfanne anrösten, herausnehmen. Übriges Öl erhitzen, Zucchininudeln darin 2 Min. andünsten. Mit Dressing, Paprika, Koriander, Sesam und Nüssen mischen, servieren.

SUMMER-PASTA

100 g Farfalle | Salz | 100 g Artischockenherzen (in Öl) | 40 g getrocknete Tomaten (in Öl) | 2 EL Pinienkerne | 1 EL Honigsenf | 2 EL Aceto balsamico bianco | 1 EL TK-Basilikum | 1 Knoblauchzehe | 1 EL Olivenöl | 1 Handvoll Baby-Blattspinat | 100 g Mini-Mozzarella

Glücklichmacher

Für 2 Personen | 25 Min. Zubereitung
Pro Portion ca. 530 kcal, 21 g E, 27 g F, 49 g KH

1 Die Nudeln nach Packungsanweisung in Salzwasser bissfest garen. Artischocken und Tomaten abtropfen lassen, Artischocken halbieren, Tomaten in Streifen schneiden. Pinienkerne in einer Pfanne anrösten, herausnehmen. Senf, Essig und Basilikum verrühren, den Knoblauch schälen und dazupressen, Olivenöl unterrühren. Spinat waschen und trocken schleudern, dicke Stängel abzupfen.

2 Die Nudeln abgießen, kalt abschrecken und gut abtropfen lassen. Dann mit Spinat, Artischocken, Tomaten, Pinienkernen, Mini-Mozzarella und dem Dressing mischen, servieren.

CANADIAN COLESLAW

40 g Salatmayonnaise | 1 EL Zitronensaft | 50 g saure Sahne | 1 EL Aceto balsamico bianco | 1 TL Zucker | Salz | Pfeffer | 180 g Weißkohl | 1 große Möhre | 2 EL Walnusskerne | 1 Beet Kresse | 2 EL getrocknete Cranberrys

Burger-Begleitung

Für 4 Personen | 25 Min. Zubereitung
Pro Portion ca. 125 kcal, 2 g E, 7 g F, 12 g KH

1 Die Mayonnaise mit Zitronensaft, saurer Sahne, Essig und Zucker verrühren. Das Dressing mit Salz und Pfeffer würzen. Den Kohl putzen, waschen und in feine Streifen hobeln. Die Möhre schälen und grob raspeln. Walnüsse in grobe Stücke hacken. Die Kresse vom Beet schneiden.

2 1 EL der Kresse zur Seite stellen. Den Kohl, Möhre und Kresse sowie die Hälfte der Cranberrys und der Nüsse mit dem Dressing mischen. Den Coleslaw ca. 10 Min. durchziehen lassen und dann mit Salz und Pfeffer abschmecken. Mit restlicher Kresse, übrigen Nüssen und Cranberrys bestreuen und servieren.

MEXICAN BUCKWHEAT

¼ l Gemüsebrühe | 100 g Buchweizen-Bulgur | ¼ Avocado | 3 EL Limettensaft | 1 TL Honig | Salz | Pfeffer | 1 kleine Dose Kidneybohnen (240 g Abtropfgewicht) | 1 gelbe Paprika | 2 Tomaten | 4 Stängel Koriandergrün

Perfekt zu Tacos

Für 2 Personen | 30 Min. Zubereitung
Pro Portion ca. 495 kcal, 20 g E, 9 g F, 80 g KH

1 Brühe aufkochen, Bulgur darin zugedeckt bei mittlerer Hitze 2–3 Min. kochen. Herd ausstellen und Bulgur ca. 10 Min. quellen lassen, dann auf einem Teller lauwarm abkühlen lassen. Für das Dressing die Avocado schälen, klein würfeln und mit Limettensaft, Honig und 4 EL Wasser fein pürieren. Salzen und pfeffern. Bohnen in einem Sieb abbrausen, abtropfen lassen. Paprika und Tomaten putzen, waschen und klein würfeln.

2 Den Bulgur in zwei Schüsseln häufen. Dressing, Bohnen, Paprika und die Tomaten darauf verteilen. Den Koriander abbrausen und trocken schütteln, Blättchen abzupfen, hacken und darüberstreuen.

PUMPKIN-PELMENI

Pelmeni sind einer der Newcomer der letzten Jahre. Statt mit Fleischfüllung schmecken sie auch mit einer würzigen Mischung aus Kürbis, Grünkern und Ziegenfrischkäse.

Für den Teig:
200 g Mehl
Salz
1 Ei (M)
1 TL Öl
Für die Füllung:
230 g Hokkaido-Kürbis
Salz
1 Knoblauchzehe
60 g Grünkernschrot
80 g Ziegenfrischkäse
Pfeffer
Für das Topping:
150 g Schmand
1 EL Apfel-Balsamessig
Salz | Pfeffer
2 EL Kürbiskerne
100 g Rote-Bete-Scheiben (aus dem Glas)
Außerdem:
Mehl zum Arbeiten
1 Ei (M)

Tortellini auf Russisch

Für 4 Personen | 1 Std. 20 Min. Zubereitung
Pro Portion ca. 520 kcal, 18 g E, 22 g F, 62 g KH

1 Für den Teig Mehl und 1 Prise Salz in einer Schüssel mischen und eine Mulde hineindrücken. Ei, Öl und 75 ml kaltes Wasser dazugeben. Alles mit den Händen zu einem glatten Teig verkneten, dabei gegebenenfalls noch etwas Mehl unterarbeiten. Den Teig zu einer Kugel formen und zugedeckt 30 Min. ruhen lassen.

2 Inzwischen für die Füllung den Kürbis waschen, putzen und halbieren. Die Kerne mit einem Löffel entfernen. Den Kürbis in kleine Würfel schneiden. In einem Topf 200 ml leicht gesalzenes Wasser aufkochen. Kürbis dazugeben, Knoblauch schälen und dazupressen. Zugedeckt bei kleiner Hitze 3–4 Min. köcheln lassen. Den Grünkernschrot untermischen, aufkochen und zugedeckt bei kleiner Hitze 8 Min. köcheln lassen. Den Topf vom Herd nehmen und die Mischung noch 8 Min. quellen lassen, dann auf einem Teller verteilen und abkühlen lassen.

3 Zwischendurch für das Topping den Schmand mit Essig und 2–3 EL Wasser verrühren, salzen und pfeffern. Die Kürbiskerne in einer Pfanne anrösten, bis sie anfangen zu knacken, herausnehmen. Rote-Bete-Scheiben abtropfen lassen und klein würfeln.

4 Die abgekühlte Füllung gründlich mit dem Frischkäse verrühren und mit Salz und Pfeffer würzen. Restliches Ei verquirlen. Nach und nach den Teig auf der bemehlten Arbeitsfläche dünn ausrollen und 8 cm große Kreise ausstechen (z. B. mit einem Glas). Eine Hälfte jedes Teigkreises mit Ei bestreichen und 1–2 TL Füllung daraufsetzen, dabei rundherum einen kleinen Rand frei lassen. Dann den Teigkreis zu einem Halbmond zusammenklappen, die Ränder gut andrücken. Die beiden Teigspitzen zusammenführen und fest zusammendrücken.

5 Die Pelmeni in einem Topf mit reichlich kochendem Salzwasser 6 Min. garen, dabei hin und wieder umrühren. Pelmeni in ein Sieb abgießen, kurz abtropfen lassen und auf Teller verteilen. Mit dem Schmand beträufeln, Rote Beten und Kürbiskerne darauf verteilen.

REGISTER

Damit Sie Rezepte mit bestimmten Zutaten noch schneller finden, sind in diesem Register auch beliebte Zutaten wie **Hackfleisch** oder **Paprika** alphabetisch eingeordnet und hervorgehoben. Darunter finden Sie das Rezept Ihrer Wahl. Vegetarische Rezepte, die im Buch mit einem gekennzeichnet sind, sind hier grün abgesetzt.

Projektleitung: Jessica Kleppel
Lektorat: Christina Geiger
Korrektorat: Ulrike Wagner
Innen- und Umschlaggestaltung: independent Medien-Design, Horst Moser, München
Herstellung: Renate Hutt
Satz: Kösel, Krugzell
Reproduktion: medienprinzen GmbH, München
Druck und Bindung: Schreckhase, Spangenberg
Syndication: www.seasons.agency
Printed in Germany

1. Auflage 2017
ISBN 978-3-8338-6161-1

www.facebook.com/gu.verlag

GRÄFE UND UNZER

Ein Unternehmen der
GANSKE VERLAGSGRUPPE

Der Autor

Martin Kintrup arbeitet als Redakteur und Autor. Viele seiner Bücher rund ums Kochen und Essen sind preisgekrönt. Für dieses Buch ist er in die Streetfood-Szene eingetaucht und hat Burger, Kumpir und Wraps von der Straße in seine Küche geholt.

Der Fotograf

Mathias Neubauer ist Foodfotograf und arbeitet für internationale Buchverlage. Zusammen mit **Andreas Neubauer** und **Manuel Weyer** (Foodstyling) hat er sein Studio in einen Streetfood-Markt verwandelt und schmachtend die heimlichen Stars der Szene ins beste Licht gesetzt.

Bildnachweis

Autorenfoto: Food & Nude Photography; Titelfoto: Vivi D'Angelo; Stocksy: Hintergrund Titelbild, S. 28 (oben rechts, unten Mitte), S. 29 (oben), S. 41, Klappe hinten außen (alle außer Mitte rechts), S. 64 (alle außer unten links); iStock: S. 28 (oben links, Mitte links und rechts, unten links und rechts), S. 29 (alle außer oben), S. 40 (alle außer unten rechts), Klappe hinten außen (Mitte rechts); alle anderen Fotos: Mathias Neubauer

QUALITÄTS G|U GARANTIE

Liebe Leserin, lieber Leser,

haben wir Ihre Erwartungen erfüllt? Sind Sie mit diesem Buch zufrieden? Haben Sie weitere Fragen zu diesem Thema? Wir freuen uns auf Ihre Rückmeldung, auf Lob, Kritik und Anregungen, damit wir für Sie immer besser werden können.

GRÄFE UND UNZER Verlag
Leserservice
Postfach 86 03 13
81630 München
E-Mail:
leserservice@graefe-und-unzer.de

Telefon: 00800 / 72 37 33 33*
Telefax: 00800 / 50 12 05 44*
Mo–Do: 9.00 – 17.00 Uhr
Fr: 9.00 – 16.00 Uhr
(gebührenfrei in D, A, CH)*

Ihr GRÄFE UND UNZER Verlag
Der erste Ratgeberverlag – seit 1722.

Titelrezept

Süßkartoffel-Kumpir (S. 50)

Backofenhinweis:
Die Backzeiten können je nach Herd variieren. Die Temperaturangaben in unseren Rezepten beziehen sich auf das Backen im Elektroherd mit Ober- und Unterhitze und können bei Gasherden oder Backen mit Umluft abweichen. Details entnehmen Sie bitte Ihrer Gebrauchsanweisung.

STREET-FOOD
AROUND THE WORLD